BEI GRIN MACHT SICH IHR WISSEN BEZAHLT

Cloud Computing. Eignet sich die Etablierung von Cloud-Lösungen in Unternehmen?

Chancen und Risiken

Bibliografische Information der Deutschen Nationalbibliothek:

Die Deutsche Nationalbibliothek verzeichnet diese Publikation in der Deutschen Nationalbibliografie; detaillierte bibliografische Daten sind im Internet über http://dnb.d-nb.de abrufbar.

ISBN: 9783346304643
Dieses Buch ist auch als E-Book erhältlich.

© GRIN Publishing GmbH
Nymphenburger Straße 86
80636 München

Druck und Bindung: Books on Demand GmbH, Norderstedt Germany
Gedruckt auf säurefreiem Papier aus verantwortungsvollen Quellen

Das vorliegende Werk wurde sorgfältig erarbeitet. Dennoch übernehmen Autoren und Verlag für die Richtigkeit von Angaben, Hinweisen, Links und Ratschlägen sowie eventuelle Druckfehler keine Haftung.

Das Buch bei GRIN: https://www.grin.com/document/958614

Chancen und Risiken des Cloud Computing

Inhaltsverzeichnis

Inhaltsverzeichnis 1

Abbildungsverzeichnis 2

1. Einleitung 3

2. Grundlagen des Cloud Computing 3

3. Chancen und Risiken des Cloud Computing 6

    3.1. Potentialanalyse anhand wesentlicher Eigenschaften des Cloud Computing 6

    3.2. Hindernisse und Lösungsansätze des Cloud Computing 9

4. Trends und Zusammenfassung 12

Versicherung 13

Literaturverzeichnis 13

1

Abbildungsverzeichnis

Abbildung 1: Funktionsweise der IT Ressourcenzusammenlegung 5
Abbildung 2: Beispiel zur Anwendung des Cloud Computing im Unternehmen 8

1. Einleitung

Eine Studie der Axway GmbH (2018) zeigt, dass sowohl im privaten Umfeld als auch im Unternehmensumfeld Informationstechnologien (IT) eine zunehmende Rolle spielen. Die IT hat in nahezu allen Lebensbereichen bereits einen wesentlichen Einfluss. Jedoch unterliegen Informationstechnologien einem stetigen Wandel und entwickelt sich dynamisch weiter. Es entsteht ein Druck, der Privatpersonen und Unternehmen dazu bringt Aktivitäten in die digitale Welt zu verlagern. Mittlerweile sind Informationstechnologien aus dem Alltag nicht mehr wegzudenken, da Bestellungen beispielsweise über Amazon getätigt und Finanztransaktionen online durchgeführt werden.

Diese Aktivitäten bringen einen wachsenden Bedarf an Datenverarbeitungs- und Speichersystemen, der teilweise durch die eigene Rechenleistung im Unternehmen oder im privaten Umfeld nicht abgedeckt werden kann (Hintemann & Clausen, 2018, S. 31). Der in den 90er Jahren erstmals von Ramnath Chellappa (Chellappa, 1997) genutzte Begriff des Cloud Computing kann einen Lösungsansatz darstellen, um den stetig wachsenden Bedarf an IT-Ressourcen zu decken. Durch das Cloud Computing werden dem Anwender scheinbar unendliche Ressourcen zur Verfügung gestellt, die auf den eigenen Bedarf angepasst und flexibel genutzt werden kann. Somit liegt die Vermutung nahe, dass das Cloud Computing dazu beiträgt die zukünftigen Herausforderungen zu bewältigen. Jedoch stellt sich die Frage, welche Potentiale das Cloud Computing tatsächlich erfüllen kann, welche Herausforderungen den Anwender erwarten und wie diese zu bewältigen sind. Ziel der Seminararbeit ist es, wesentliche Chancen und Risiken des Cloud Computings zu untersuchen und daraufhin festzustellen, ob es sich für die Nutzung innerhalb eines Unternehmen eignet.

2. Grundlagen des Cloud Computing

Nach Metzger (2011, S. 2) steht der Begriff „Cloud" für die Sammlung, Verteilung und für den Transport von Daten über das Internet. IT Ressourcen, wie Hardware, Software oder Plattformen, werden durch das Cloud Computing dem Nutzer über das Internet zur Verfügung gestellt (Vaquero, et al., 2009, S. 51). Da für die neuartige Technologie in kürzester Zeit unzählige Definitionen aufgestellt wurden, es jedoch keine allgemeingültige Begriffserklärung gab, stellten Mell und Grance (2011, S. 2) dazu im Namen des US-amerikanischen National Institute of Standards and Technology (NIST) die nachfolgende Definition auf:

"Cloud computing is a model for enabling ubiquitous, convenient, on-demand network access to a shared pool of configurable computing resources (e.g., networks, servers, storage,

applications and services) that can be rapidly provisioned and released with minimal management effort or service provider interaction" (Mell & Grance, 2011).

Nachfolgend wird auf wesentliche Eigenschaften, Architekturmerkmale und Klassifizierungen eingegangen, aus denen die Potentiale und Herausforderungen des Cloud Computing abzuleiten sind. Auf weitere Unterscheidungen und technische Details wird in den folgenden Abschnitten nicht eingegangen.

Mell und Grace (2011, S. 2) beschreiben in ihrer Veröffentlichung unter anderem nachfolgende Eigenschaften, die das Cloud Computing und deren Anwendung charakterisieren und woraus sich wesentliche Chancen und Risiken ableiten lassen:

- **Ressourcenzusammenlegung**: IT-Ressourcen, die vom Anwender genutzt werden, befinden sich gesammelt beim Provider, dem Anbieter der Cloud. Von dort aus werden die Ressourcen bedarfsgerecht zur Verfügung gestellt und existieren somit nicht bei jedem Nutzer, sondern nur einmalig beim Provider.

- **Skalierung:** Der spezifische Bedarf an eine Cloud wird individuell zur Verfügung gestellt und kann im Laufe der Zeit flexibel angepasst werden, da sich die Anforderungen einer Cloud entsprechend des jeweiligen Nutzers stark unterscheiden.

Neben den von Mell und Grace (2011, S. 2) oben beschriebenen Eigenschaften des Cloud Computing, stellten Vaquero et al. (2009, S. 51) fest, dass es sich beim Cloud Computing in der Regel um ein **Pay-to-Use-Modell** handelt, wonach sich die Höhe der Kosten nach Intensität der Nutzung richtet.

Cloud Anwendungen werden außerdem in ihrer Architektur und Klassifizierung unterschieden. Die Architektur einer Cloud unterscheiden Stanoevska-Slabeva und Wozniak (2010, S. 52-54) in Form der Bereitstellung und der Funktionen der IT-Ressourcen, die dem Anwender vom Provider zur Verfügung gestellt werden. Unterschieden wird zwischen Infrastructure-as-a-Service (IaaS), Software-as-a-Service (SaaS) und Platform-as-a-Service (PaaS), welche in Abbildung 1 anhand von Beispielen dargestellt werden. Bei IaaS handelt es sich um den Zugriff von Speicherplatz oder Prozessoren über das Internet. Beispiele hierfür sind unter anderem der „Simple Storage Service" von AmazonWeb Services, welcher als Speicher dient oder auch die „Elastic Compute Cloud" zur Verarbeitung von Daten. Unter SaaS wird Software, die Anwender der Cloud zur Verfügung gestellt bekommt und nutzen kann. Beispiele für SaaS sind

Google Applikationen der Textverarbeitung und der Tabellenkalkulation, die online von einer Gruppe von Anwendern genutzt werden kann. Auf die Mischform von IaaS und SaaS der Platform-as-a-Service (PaaS) wird im folgenden nicht speziell eingegangen, da diese Architektur in der Regel ausschließlich für die Softwareentwicklung relevant ist und im praktischen Unternehmesumfeld kaum angewendet wird.

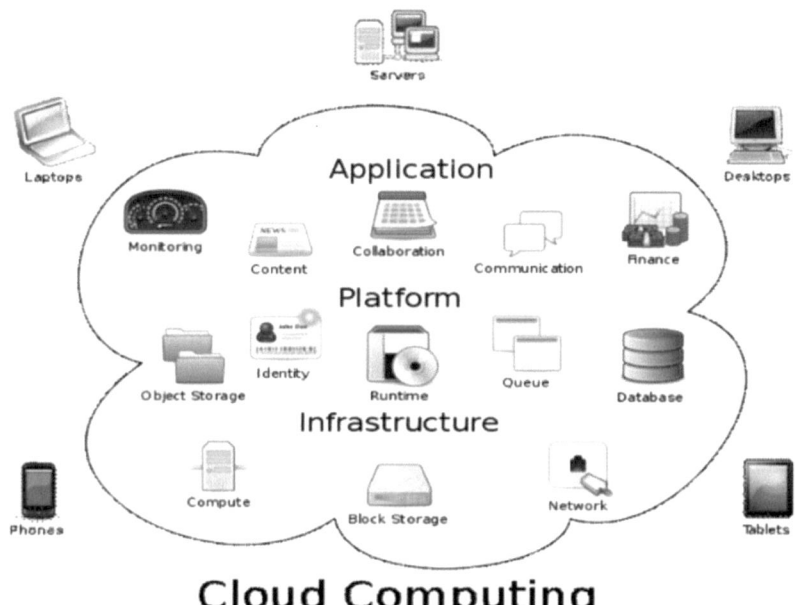

Abbildung 1: Funktionsweise der IT Ressourcenzusammenlegung

Quelle: Khan, et al., 2012, p. 69

Eine weitere Unterscheidung des Cloud Computing stellt die Klassifizierung dar. Armbrust et al. (2009, S.4) klassifizieren die Cloud bezüglich des Standortes und Eigentümers eines Rechenzentrums, in dem Daten verarbeitet und gespeichert werden. Unterschieden wird in Public Cloud, Private Cloud und Hybrid Cloud. Bei einer Public Cloud handelt es sich um einen Anbieter eines externen Rechenzentrums, welcher die Cloud für die Öffentlichkeit kostenpflichtig anbietet. Das Rechenzentrum einer Private Cloud hingegen ist nicht öffentlich zugänglich und nur intern von Unternehmen oder Organisationen genutzt werden kann. Bei der Hybrid Cloud handelt es sich um eine Mischform der Public Cloud und Private Cloud, worauf jedoch nicht weiter eingegangen wird.

Zusammengefasst lässt sich feststellen, dass Cloud Computing eine neuartige Technologie darstellt, durch die IT-Ressourcen nach eigenem Bedarf über das Internet abgerufen und genutzt werden können. Insbesondere durch die vorgestellten Eigenschaften gilt es als flexibel und dynamisch. Im nächsten Abschnitt werden darauf aufbauend die Chancen und Risiken des Cloud Computing analysiert.

3. Chancen und Risiken des Cloud Computing

3.1. Potentialanalyse anhand wesentlicher Eigenschaften des Cloud Computing

Wie in den Grundlagen des Cloud Computing beschrieben, liegen der Technologie einzigartige Eigenschaften zugrunde, die im Unternehmensumfeld besondere Potentiale bieten. Nachfolgend werden darauf aufbauend wesentliche Vorteile abgeleitet und beschrieben.

Pay-to-Use-Modell

Aus dem Pay-to-Use-Modell des Cloud Computing stellen Stanoevska-Slabeva und Wozniak (2010, S. 55) fest, dass die Anwender einer Cloud keine Investitionen in Hardware bei der Nutzung einer IaaS-Lösung benötigen und bei SaaS-Anwendungen hohe Kosten für Softwarelizenzen entfallen. Des Weiteren erübrigen sich gleichzeitig Kosten für die Wartung und zur Verfügungstellung eigener IT-Ressourcen in Form von Personalkosten. Weiterhin zahlen die Nutzer der Cloud-Anwendungen nur für die in Anspruch genommenen IT-Ressourcen. Nach Hentschel und Leyh (2018, S. 15) erhalten dadurch auch kleine und mittelständische Firmen Zugang zu Technologien, die sich bisher ohne Cloud Computing nur große Unternehmen leisten konnten. Kleine Unternehmen sind damit in der Lage auf Technologien zuzugreifen, deren Kaufpreis für die Firma allein zu hoch wäre. Somit werden Markteintrittsbarrieren gesenkt und es kommen neue Geschäftsmodelle auf dem Markt, die auf das Cloud Compting aufbauen. Somit entstehen auch neue innovative Unternehmen, die sich schneller auf dem Markt etablieren können, da die IT-Ressourcen an den Bedarf angepasst werden können.

IT-Ressourcenzusammenlegung

Bezüglich der IT-Ressourcenzusammenlegung des Cloud Computings geben Aleem und Sprott (2013, S. 9) an, dass durch die Anwendung der Cloud als Speicher, Daten sofort an die Cloud weitergegeben und damit gesichert werden. Somit ist bei einem Systemausfall oder einer technischen Störung eine kurzfristige Wiederherstellung der Daten möglich, da sich die gesamten Daten in der Cloud befinden. Des Weiteren ist es durch die Zusammenlegung der

6

Ressourcen nach Robinson et al. (2011, S. 18) möglich Ressourcen neu zu verteilen. Mitarbeiter, die sich beispielsweise mit dem Serverbetrieb beschäftigten, werden damit frei und können gezielt am Kerngeschäft arbeiten. Weiterhin wird dadurch kollaborative Arbeit weiterentwickelt. Die IT-Ressourcen können von verschiedenen Quellen zusammengeführt und abgerufen werden, dadurch hat das Cloud Computing das Potential die Zusammenarbeit und damit die Kreativität, Vielfalt und Demokratisierung innerhalb des Unternehmens zu verbessern. Die neu geschaffene Flexibilität macht es außerdem den Mitarbeitern eines Unternehmens möglich in Fernarbeit zu arbeiten (Barker, 2016, S. 3). Somit wird es speziell durch die zentralen IT-Ressourcen möglich, die Datensicherung sicherzustellen, Ressourcen vermehrt in das Kerngeschäft zu integrieren, ein flexibles und kollaborativen Arbeitsumfeld zu schaffen.

Skalierung

Robinson et al. (2011, S. 18) deuten darauf hin, dass Unternehmen für Hardware und Software Kosten aufwenden, diese jedoch aufgrund von schwankenden Auslastungen zeitweise nicht genutzt werden. Jedoch werden die nicht genutzten Ressourcen gegebenenfalls zukünftig benötigt. Oft ist dies bei einer ungewissen Nachfrage der Fall. Das Cloud Computing bietet den Vorteil, dass die Nutzung der Cloud direkt auf den Bedarf angepasst ist. Die freigewordenen Ressourcen und die neue Flexibilität können Unternehmen nun auch zum Testen neuer Anwendungen mit niedriger Priorität anwenden. Beispielsweise kann die freigewordene Zeit genutzt werden, um mit Beratern ins Gespräch zu kommen oder neue Lieferanten zu qualifizieren. Aufgrund der Skalierbarkeit müssen keine langfristigen Verträge abgeschlossen werden, da Rechen- und Speicherkapazitäten auch nur über einen begrenzten Zeitraum genutzt werden können, um saisonbedingte Lastspitzen abzudecken (BITKOM, 2013, S. 12). Nach Hentschel und Leyh (2018, S. 15) können Unternehmen die Anpassung der Nutzung an den eigentlichen Bedarf nutzen, indem Sie den präzisen Bedarf an Lieferanten und Kunden widerspiegeln und darüber an Verhandlungsmacht gegenüber den Zulieferern gewinnen.

Um die Chancen des Cloud Computing darzustellen folgt ein Beispiel von Fauser et al. (2017, S. 77-78) zur Integration des Cloud Computing im Unternehmen. In diesem Beispiel etabliert Kunde A eine Cloud, um die Produktion zu optimieren. Die Produktionsmaschinen sind in der Lage Daten des Produktionsprozesses zu erheben und zu versenden. Diese Daten werden von den Maschinen in eine Cloud gesendet. Diese Daten können vom Hersteller, wie in Abbildung 2 dargestellt, abgerufen werden. Dadurch wird es dem Hersteller möglich durch die von den

Maschinen erhobenen Daten Effizienzproblem und technische Mängel zu erkennen. Der Hersteller ist somit in der Lage präventive Maßnahmen zu treffen und Wartungszyklen speziell an die Eigenheiten der Maschinen anzupassen. Dem Kunden bleiben somit kostenintensive Produktionsstillstände erspart. Somit kann die Optimierung des Produktionsprozesses sowohl auf Hersteller- als auch auf Kundenseite realisiert werden.

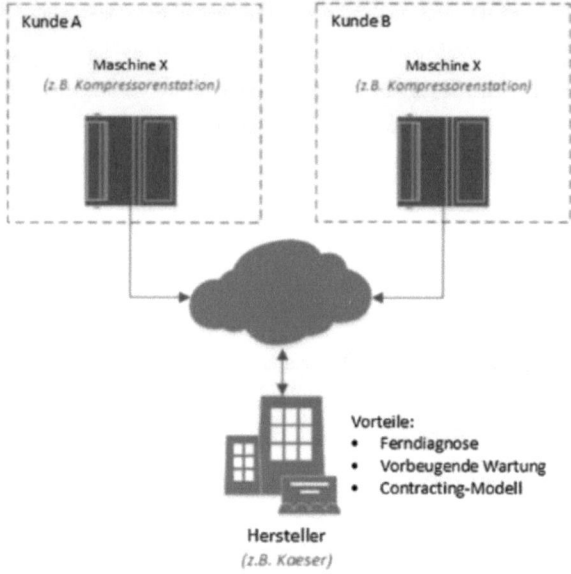

Abbildung 2: Beispiel zur Anwendung des Cloud Computing im Unternehmen

Quelle: Fauser et al., 2017, S. 77

Des Weiteren ist es nach Fauser et al. (2017, S. 17) so möglich, dass der Hersteller durch die an den Maschinen angebrachten Sensoren die Messtände von Verbrauchsmaterialien messen kann. Hersteller und Kunde können vertraglich vereinbaren, dass entsprechend verbrauchte Materialen direkt nachgeliefert werden, in diesem Fall spricht man von einem Contracting-Modell.

Durch die Etablierung des Cloud Computings können Unternehmen somit Kosten senken sowie die Flexibilität und Produktivität steigern. Insbesondere profitieren kleine und mittelständische Unternehmen von den Vorteilen der Cloud, da unter anderem durch das Pay-to-use-Modell der Cloud Markteintrittsbarrieren verringert werden. Alle Eigenschaften tragen dazu bei, dass die Unternehmen stärker in der Lage sind sich auf die Optimierung von Ihrem Kerngeschäft zu konzentrieren.

8

3.2. Hindernisse und Lösungsansätze des Cloud Computing

Neben den Chancen birgt die neue Technologie jedoch auch Risiken. Diese entstehen laut Stanoevska-Slabeva & Wozniak (2010) auf zwei Arten. Einerseits entsteht ein Risiko dadurch, dass Daten auf einen externern Server gelangen und von dort aus verarbeitet werden. Andererseits entsteht ein Risiko durch die Investitionen, die im Vorfeld getätigt werden müssen, damit die interne Infrastruktur in die der Cloud integriert werden kann und laufende Kosten in die Anwendung durch das Pay-to-use-Modell. Somit bestehen sicherheitsrelevante und finanzielle Risiken bei der Nutzung des Cloud Computing. Aleem und Sprott (2013, S. 6) führten eine Studie zu Bedenken der Cloud-Nutzung für Unternehmen durch. Dabei konnte festgestellt werden, dass die Hauptbedenken in der Sicherheit und bei der Verfügbarkeit der Cloud liegen. Im Folgendenden werden wesentliche Bedenken und Bedrohungen beschrieben und gleichzeitig werden Lösungsansätze dargeboten.

Verfügbarkeit

Wie bereits erläutert, liegt eines der Hauptbedenken in der Verfügbarkeit der Dienste. Dabei stellen Armbrust et al. (2009, S. 14) fest, dass insbesondere Cloud-Dienste, wie beispielsweise die Google Cloud, bezüglich Verfügbarkeiten hohe Standards gesetzt haben. Bei Cloud-Riesen ist die ständige Verfügbarkeit zum Standard geworden, jedoch haben neue Cloud-Dienste Schwierigkeiten dem nachzukommen. Eine Möglichkeit dieses Hinderniss zu überwinden ist die Nutzung von mehreren Cloud-Diensten. Damit wird das Risiko verteilt und die Datenverfügbarkeit sichergestellt. Nach Armbrust et al. (2009, S. 14) besteht ein weiteres Risiko darin, dass die Verfügbarkeit der Cloud durch gezielte Angriffe verhindert werden kann. Diese Angriffe werden als Distributed-Denial-of-Service-Attacken (DDoS-Attacken) bezeichnet. Dabei handelt es sich um einen kriminellen Akt, bei dem der Provider mit einer Geldzahlung erpresst wird, damit die Anwendung wieder erreichbar wird. Das Kerngeschäft der Cloud Computing Anbieter liegt darin IT-Ressourcen dem Nutzer zur Verfügung zu stellen, aus diesem Grund haben sie sich bereits Kernkompetenzen zum Schutz vor DDos-Angriffen aufgebaut und können solche Angriffe leicht kompensieren. Diese Expertise zum Schutz der Daten ist bei unternehmenseigenen Ressourcen oft nicht der Fall.

Turner (2013, S. 3) geht bezüglich der Datenverfügbarkeit insbesondere auf geschäftskritische Funktionen ein, die bei einem Ausfall das Unternehmen für eine Zeit lang handlungsunfähig machen. Solche Funktionen dürfen nicht ausfallen. In diesem Fall schlägt Turner (2013, S. 3) ein Hybridmodell vor, bei dem nicht geschäftskritische Funktionen in einer Cloud ausgeführt

9

oder gesichtert werden und geschäftskritische Faktoren von internen Rechenzentren durchgeführt werden, die nicht vernetzt sind.

Sicherheit

Da es sich bei einer Cloud um ein öffentliches Netzwerk handelt, auf dem theoretisch jeder Zugriff erhalten kann, sind diese verstärkt kriminellen Angriffen ausgesetzt (Armbrust, et al., 2009, S. 15). Des Weiteren beschreibt Turner (2013, S. 3), dass in bestimmten Branchen und Organisationen bestimmte Sicherheitsanforderungen vorausgesetzt werden, die IT-Ressourcen erfüllen müssen. Beispielsweise geht es dabei um Zugriffsrechte und um die Zugänglichkeit der Server. Strenge Richtlinien gelten unter anderem in Krankenhäusern oder auf Bundesebene. In diesem Fällen sind die Richtlinien des Cloud Computings nicht ausreichend.

Nach Turner (2013, S. 3) besteht die Gefahr, dass unberechtige Personen oder Institutionen auf Kundendaten zugreifen, falls die vorhandenen Sicherheitsmechanismen versagen. Diese Vorkommnisse zerstören das Vertrauen in Cloud Anwendungen und infolgedessen überdenken Unternehmen und Organisationen ihr Entscheidung das Cloud Computing mit seinen Vorteilen zu nutzen. Des Weiteren können Sicherheitsvorfälle zu Betriebsunterbrechungen (Robinson, et al., 2011, S. 58), zu dem Verlust von Unternehmensgeheimnissen und zu den Missbrauch von Daten führen (Hentschel & Leyh, 2018, p. 17).

Nach Armbrust et al. (2009) sind Cloud-Anwendungen mehr kriminellen Angriffen ausgesetzt, deshalb sind sie aber nicht unsicherer als Informationstechnologien, die innerhalb eines Unternehmens und nicht als Private Cloud genutzt werden. Denn in der Regel sind diese Daten nicht verschlüsselt. Die Daten, die in eine Cloud gelangen, werden verschlüsselt und können damit dem Sicherheitsrisiko entgegen wirken. Stein et al. (2020, S. 26) stellen dazu fest, dass um die Sicherheit in der Nutzung mit Cloud-Anwendungen sicherzustellen, sollten Richtlinien festgelegt und jährliche IT-Sicherheitsüberprüfungen durchgeführt werden. Des Weiteren ist sind Mitarbeiterschulungen ratsam, um ein Sicherheitsbewusstsein im Umgang mit IT zu entwickeln. Außerdem sollten Mitarbeiter über den vollständigen Bestand an Cloud-Anwendungen informiert sein, da andernfalls Schwachstellen nicht als solche wahrgenommen werden und somit Daten gestohlen oder manipuliert werden können.

Unzureichende Implementierung

Bei der Implementierung handelt es sich um ein Risiko, welches in der Regel nicht vom Kunden als Hinderniss wahrgenommen wird, aber dennoch ein wesentliches Risiko wiederspiegelt.

Laut Stein et al. (2020, S. 26) besteht das Risiko darin, dass Kunden das Cloud Computing nicht angemessen implementieren und warten. Einserseits ist es möglich, dass im Vorfeld mit dem Betreiber der Cloud die Aufsicht, Rechenschaft und Überwachung nicht vollständig geklärt wird und damit Risiken entstehen, da die Rollen nicht eindeutig geklärt worden sind. Außerdem besteht die Gefahr, dass über die Einführung und Nutzung von Cloud-Anwendungen nicht vollumfänglich informiert wird und diese daraufhin nicht vollständig genutzt werden. Die Steigerung der Effizienz und die Vorteile des Cloud Computing werden dadurch nicht im Betrieb umgesetzt.

Nach Stein et al. (2020, p. 26) liegen die Lösungsansätze einerseits in den Vereinbarungen mit dem Cloud Anbieter und andererseits in der Mitarbeiterkommunikation. Um die Wartung und Verantwortlichkeiten zwischen dem Unternehmen und dem Cloud-Provider eindeutig sicherzustellen, ist es möglich Vereinbarung zu schließen und zu dokumentieren. Sind die Verantwortlichkeiten zwischen den Parteien geklärt, gilt es das Cloud Computing im Unternehmen einzuführen. Hierbei ist es ratsam eine Gruppe von Spezialisten zu bennen, die die Mitarbeiter zu der Nutzung und zu den Veränderungen schulen. Im Vorfeld sollten jedoch Anforderungen an das neue System geklärt und auch bei der Implementierung umgesetzt werden. Des Weiteren schafft man Akzeptanz durch die Kommunizierung des Grundes für die Einführung.

Zusammenfassend lässt sich sagen, dass Risiken vorhanden sind, diese jedoch nicht nur auf das Cloud Computing zutreffen sondern auch auf andere IT-Infrastrukturen (Robinson, et al., 2011, S. 58). In einer Cloud treten diese jedoch in einer neuen Komplexität auf. Die bekannten Risiken lassen sich jedoch durch eine auf das Cloud Computing angepasste Unternehmensführung minimieren (Stein, et al., 2020, S. 27). Daher ist es von hoher Wichtigkeit, dass Unternehmen, die Cloud Computing nutzen, einen Überblick über ihre Cloud Aktivitäten behalten, alle Sicherheitsstandards beachten und eine Analyse der möglichen Risiken durchführen, um entsprechende Maßnahmen ableiten zu können. Somit sollte man sich vor der Einführung einer Cloud mit den Anforderungen, Bedürfnissen und mit der Technologie selbst auseinandersetzen. Ebenso sollte den interessierten Unternehmen die direkten und indirekten Kosten bewusst sein, bevor Cloud Anwendungen nicht vollumfänglich umgesetzt werden und damit verbesserte Effizienz auf der Strecke bleibt. (Turner, 2013, S. 5) Die Risiken können somit durch eine unternehmensweite Cloud-Strategie minimiert und dadurch die Chancen voll ausgenutzt werden.

4. Trends und Zusammenfassung

Durch die Integration des Cloud Computing in die IT von Unternehmen verändert sich das Unternehmensumfeld. Fauser et al. (2017, S. 73-76) geben an, dass durch die Etablierung von Cloud-Anwendungen, Prozesse neu definiert werden und dadurch Unternehmen gezwungen werden die etablierten Vorgänge zu überdenken und neu aufzustellen. Es ist sind somit nicht einzelne Unternehmen, sondern ganze Wertschöpfungsketten betroffen, deren Strukturen aufgebrochen und neu aufgestellt werden, wodurch Unternehmen in der Lage sind profitabler zu arbeiten (Hentschel & Leyh, 2018, S. 18). Jedoch sind bei der Anwendung von Informationtechnologien jederzeit Risiken vorhanden. Auch das Cloud Computing birgt Herausforderungen, dabei kann man diesen Gefahren entgegenwirken, indem die Unternehmensphilosophien auf die neue Technologie angepasst werden, indem Organisationsstrukturen, bestehende Unternehmenskultur und auch IT-Aspekte auf das Cloud Computing integriert werden (Fauser, et al., 2017, S. 80).

Die noch junge Disziplin verändert das Umfeld der unternehmensweiten Informationstechnologien. Dabei ist die Entwicklung des Cloud Computing noch längst nicht abgeschlossen und entwickelt sich stets dynamisch weiter. Die Integration der Cloud wird dadurch nahezu unumgänglich für Unternehmen, jedoch sollte man dabei beachten, dass Cloud-Anwendungen bestehende Strukturen nicht kurzfristig ablösen werden. Des Weiteren ist es nicht möglich eine Cloud Umgebung kurzfristig im Unternehmen reibungslos zu integrieren. Die Etablierung von Cloud-Lösungen benötigt Zeit und wird Unternehmen auch zukünftig noch lange beschäftigen. Klar ist jedoch, dass das Cloud Computing, in welcher Form auch immer, für Unternehmen unumgänglich ist und bei der steigenden Nutzung von Rechenleistung eine Alternative zu den bestehenden Möglichkeiten darstellt.

Literaturverzeichnis

Aleem, A. & Sprott, C. R., 2013. Let me in the cloud: analysis of the benefit and risk assessment of cloud platform. *Journal of Financial Crime*, 20(1), pp. 6 - 24.

Armbrust, M. et al., 2009. *Above the Clouds: A Berkel View of Cloud Computing*, Berkely: University of California at Berkely Electrical Engineering and Computer Sciences.

Axway GmbH, 2018. *businesswire.com*. [Online]
Zugriff von: https://www.businesswire.com/news/home/20180208005852/de/
[Zugriff am 23 08 2020].

Barker, E. T., 2016. *Into the Clouds - European SMEs and the Digital Age*, n.a.: Atlantic Council.

BITKOM, 2013. *Wie Cloud Computing neue Geschäftsmodelle ermöglicht*. [Online]
Available at: https://www.bitkom.org/sites/default/files/file/import/140203-Wie-Cloud-Computing-neue-Geschaeftsmodelle-ermoeglicht.pdf
[Zugriff am August 2020].

Chellappa, R. K., 1997. *Intermediaries in cloud-computing: a new computing paradigm.*. Dallas, Proceedings of INFORMS annual meeting .

Fauser, K., Ott, A., Böhm, L. & Wiedemann, S., 2017. Integration 4.0 - Anwendungsintegration im Zeitalter der Cloud. In: *Industrie 4.0: Wie Cyber-Physische Systeme die Arbeitswelt verändern*. n.a.: Springer Fachmedien Wiesbaden GmbH, S. 69-82.

Hentschel, R. & Leyh, C., 2018. Cloud Computing: Status quo, aktuelle Entwicklungen und Herausforderungen . In: *Cloud Computing: Die Infrastruktur der Digitalisierung*. s.l.:Springer Vieweg.

Hintemann, R. & Clausen, J., 2018. *Bedeutung digitaler Infrastrukturen in Deutschland: Sozioökonomische Chancen und Herausforderungen für Rechenzentren im internationalen Wettbewerb*, Berlin: Borderstep Institut.

Khan, N., Ahmad, N., Herawan, T. & Inayat, Z., 2012. Cloud Computing: Locally Sub-Clouds instead of Globally One Cloud. *International Journal of Cloud Applications and Computing* , Band 2, S. 68-85.

Mell, P. & Grance, T., 2011. *The NIST Definition of Cloud Computing*, Gaithersburg: U.S. Department of Commerce.

Metzger, C., Reitz, T. & Villar, J., 2011. *Cloud Compting: Chancen und Risiken aus technischer und unternehmerischer Sicht*. s.l.:Carl Hanser Verlag GmbH & Co. KG.

Robinson, N. et al., 2011. *The Cloud - Understanding the Security, Privacy and Trust Challenges*, N.A.: RAND Corporation.

Stanoevska-Slabeva, K. & Wozniak, T., 2010. *Grid and Cloud Computing: A Business Perspective on Technology and Applications.* Heidelberg, Dodrecht, London, New York: Springer.

Stein, M., Campitelli, V. & Mezzio, S., 2020. Managing the Impact of Cloud Computing: Perspectives on Vulnerabilities, ERM, and Audit Services. *The CPA Journal,* S. 20-27.

Turner, S., 2013. Benefits and risks of cloud computing. *Journal of Technology Research,* Band 4, S. 1-7.

Vaquero, L. M., Rodero-Merino, L., Caceres, J. & Lindner, M., 2009. A Break in the Clouds: Towards a Cloud Definition. *ACM SIGCOMM Computer Communication Review,* Band 39, S. 50-55.